De tudo que mora em mim

Gabriel Chalita

De tudo que mora em mim

Ilustrações Luiz Maia

Companhia
Editora Nacional

GABRIEL CHALITA é membro da Academia Paulista de Letras e professor universitário, com doutorado em Direito e em Comunicação e Semiótica, e mestrado em Sociologia e em Filosofia do Direito. Foi Secretário de Estado da Educação de São Paulo e presidente do Conselho Nacional dos Secretários de Educação. São dele as obras: *O livro dos sonhos, A ética do rei menino, O livro do sol, Mulheres que mudaram o mundo, O livro dos amores,* entre outras.

A Bibi Ferreira, diva iluminada, musa transcendente, mulher olímpica, que incorpora o talento da diversidade, e que nos eleva com a magia do teatro, da música, da poesia e da prosa, derramando a bênção do seu vigor e da sua beleza.

Em nome dela, a todos os artistas brasileiros, porta-vozes e porta-vidas de nossas mais profundas aspirações, feitas poemas.

© Companhia Editora Nacional, 2006

Presidente	Jorge A. M. Yunes
Diretor superintendente	Jorge Yunes
Diretora geral de produção e editorial	Beatriz Yunes Guarita
Diretor editorial	Antonio Nicolau Youssef
Gerente editorial	Sergio Alves
Editora	Adriana Amback
Assistente editorial	Edgar Costa Silva
Coordenadora de preparação e revisão	Marília Rodela Oliveira
Preparadores e revisores	Irene Hikichi
	Nelson José de Camargo
	Sérgio Limolli
Coordenadora de arte	Sabrina Lotfi Hollo
Assistentes de arte	Janaina C. M. da Costa
	Narjara Lara
	Viviane Aragão
Coordenadora de iconografia	Maria do Céu Pires Passuello
Assistente de iconografia	Jaqueline Spezia
Produtora editorial	Lisete Rotenberg Levinbook
Assistente de produção editorial	Antonio Tadeu Damiani
Projeto gráfico e editoração eletrônica	Globaltec Artes Gráficas Ltda.

Dados Internacionais de Catalogação na Publicação (CIP)
(Câmara Brasileira do Livro, SP, Brasil)

Chalita, Gabriel
 De tudo que mora em mim / Gabriel Chalita ; ilustrador Luiz
Maia. – São Paulo : Companhia Editora Nacional, 2006.

 ISBN 85-04-01057-0

 1. Poesia brasileira I. Maia, Luiz. II. Título.

06-6247   CDD-869.91

Índices para catálogo sistemático:
1. Poesia : Literatura brasileira 869.91

1ª edição – São Paulo – 2006
Todos os direitos reservados

CTP, Impressão e Acabamento
IBEP Gráfica

Companhia Editora Nacional

Av. Alexandre Mackenzie, 619 – Jaguaré
São Paulo – SP – 05322-000 – Brasil
Tel.: (11) 6099-7799
www.ibep-nacional.com.br
www.eaprender.com.br
editoras@ibep-nacional.com.br

Sumário

Mínimos e máximas

Pequenas lembranças.
Carinho, caminho.
Atalhos não há.
Coragem.
Lá de cima tudo fica mais nítido.

Vᴇʀᴛɪɢᴏ

Tinha uma certa vertigem.
Por isso não gostava de altura.
Sentou-se.
Chorou.
Não viu nada.
Mentiu.

A morte dos girassóis

A morte dos girassóis se dá
efetivamente
quando eles se convencem de que o sol
nunca mais voltará para o seu girar.

Padecem de ignorância os girassóis,
porque o sol sempre volta.

COITADO

Falava em primeira pessoa.
Pensava em primeira pessoa.
Sonhava em primeira pessoa.

POEIRA DE TERNURA

Pedaços vão
caindo de mim
e
espalhando
espalhando
espalhando...

Pequena hesitação

Já quis desistir.
Chorei dias e noites.

Hoje acordei
e me lambuzei de amor
em um pote de mim mesmo
e decidi.

Inspirado em Rousseau

Quando eu era sozinho
dançava e cantava e pintava
e não havia comparações.

Hoje
não danço e não canto e não pinto.
Só...
continuo.

CÍNICO

Palavras profundas até dão medo.
Ignoro o que significam,
    mas não digo.

Finjo saber.
Mexo a cabeça:
    concordo
    ou não.

Rio e vou-me embora.
Com jeito de sabido.

PRESSUPOSTOS

Poder. Vontade.
Lavra na palavra...

A obra está pronta!

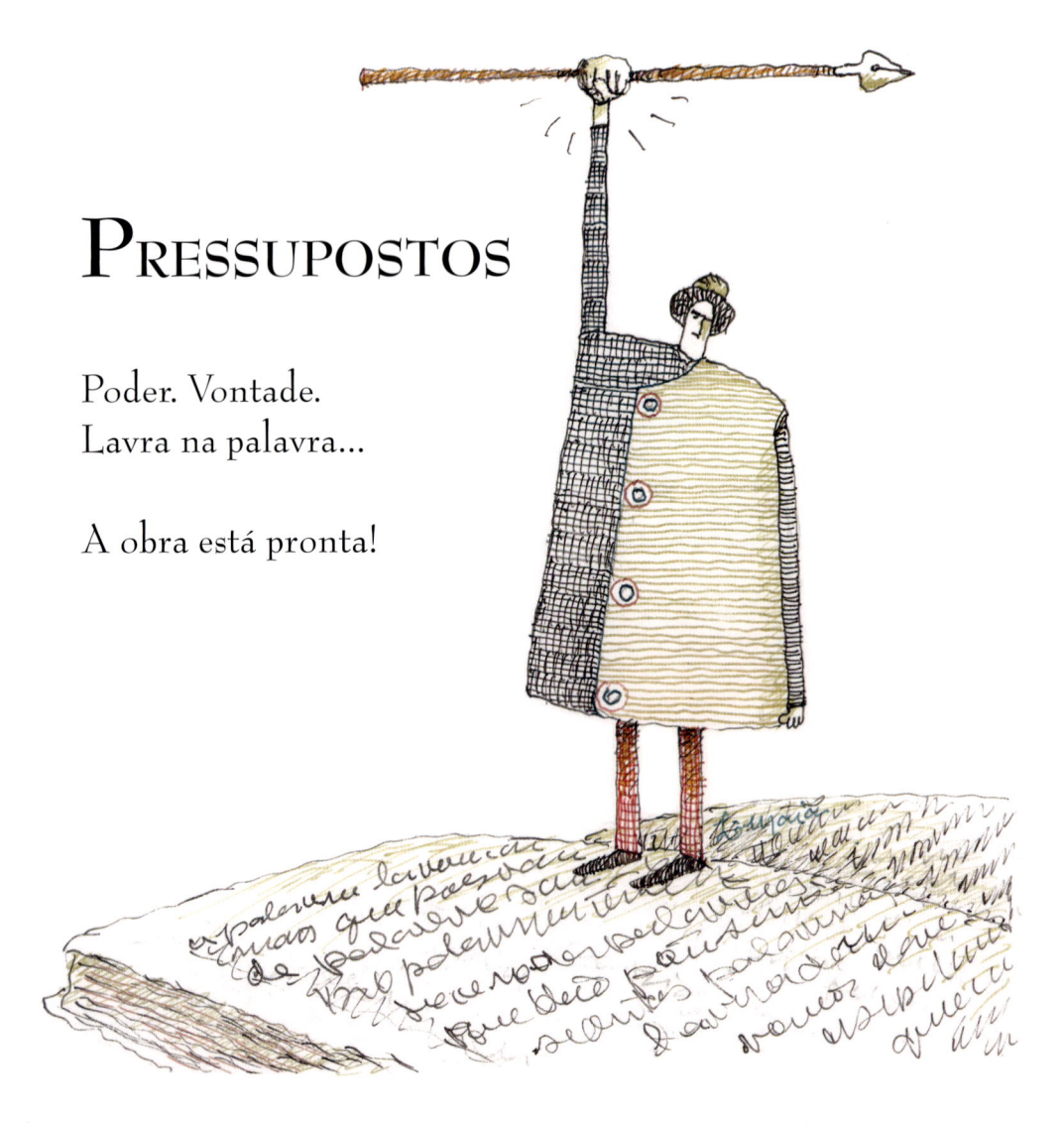

ALFARRÁBIO

Não jogue fora
    palavras velhas.
Deixe alguma poeira
quebrar um pouco
    a assepsia do novo.
Poeira de palavras nunca nos fez mal.

DOEU...

... mais do que eu podia suportar.
Passou.

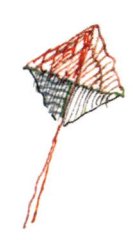

EPIFANIA

Se não fosse a capacidade de êxtase
diante da singeleza da paisagem,
a poesia viveria em luto.

ORFEU

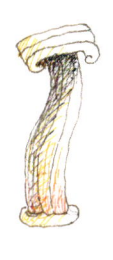

Os cantores já estão no palco.
Já sabem cantar.
Já há platéia.
E quanto à música?

Um novo amor

Está com medo?
Eu também.

28

ARREMEDO

Venha comigo, mas desate primeiro os nós.
Venha descalça.
Pise sem medo.
É água.

Ou há milagre ou é melhor ficar.

Não há como ficar.

Faltou estudar

Como não sabia, nada disse.
Não tinha o que perder.
A menos que pudesse voltar e saber.

Avatar

Olhos de águia. Faltam as asas.

PERTINÁCIA

Tropeçou meia dúzia de vezes.
Topou com restos
de quem desanimou.
Feriu os pés,
soluçou de dor,
olhou o céu,
sorriu
e foi.

SER

Calejado pelas rajadas vigorosas da paixão, rompeu a intangibilidade da espera e partiu.

HERANÇA

O que te deixam de herança?

Um caminhão

de desaforos

e um tantinho

de saudade.

Gemas

Pedras preciosas há em toda parte.
Mesmo por detrás dos arbustos.
Mesmo ocultas sob monturos que preenchem alguns cenários.

OUTRAS GEMAS

Flores há.
O que falta é o bilhete.
Decerto não houve tempo.
Ou coragem.

Eram jovens

Eram jovens.
Estavam sentindo o vento.
pela primeira vez.
Eram tantos.

Que pena.
Se tivessem tido a oportunidade
de ao menos uma vez
olharem-se ao espelho...

Eram jovens.

Já não existem mais.

Projeção não é amor

Eu não sou o seu sonho frustrado.

Nem o pedaço que ficou faltando em sua tessitura.

Carpe diem

Quem quiser amar comece amanhã.
Hoje
reserve
o seu tempo
para um longo banho.

E, por favor, não tampe o ralo.

 Irrealidade

Parecia uma convenção de feios.
Ninguém sorria nem olhava.
Talvez no palco a ausência de espelhos
      tenha matado o cisne.
Só resta a promessa de que tudo seja ficção.

DESVIO

Se não fosse a neblina,
a fragilidade da lâmpada
e a escassez de querosene,

eu não teria ferido você.

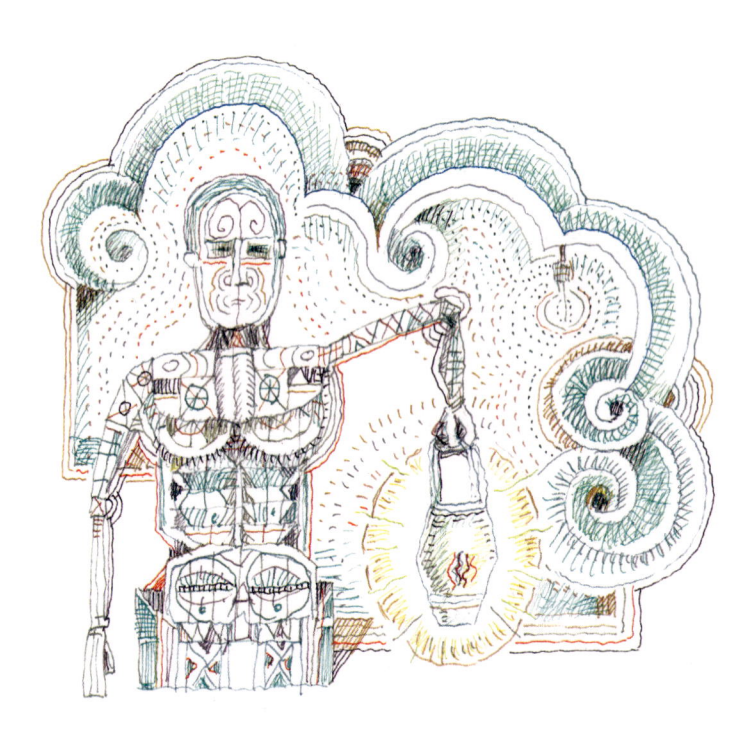

DE LAGOS E DE PESSOAS

Faltou paciência,
coragem
e um pouco de delicadeza.

Vê-se que não entende
nada de pescaria
nem de vida.

Uм toque

Acabe logo com essa dor.
Passe a mão direita
no rosto esquecido do amor ferido.
Ah!
Não se esqueça da delicadeza.

QUASE TROVA

Era uma cama modesta,
De estrados bem conhecidos.

Duas cobertas de festa,
Fronhas, lençóis coloridos.

E saudade.

Natureza

Brilhe com a sensatez do arco-íris.
Sem esforço ele faz permanecer
                    todas as cores

                    juntas.

Revisitando Hesíodo

Há aqueles que sabem.
São adoráveis. São polidos.

Há aqueles que não sabem.
São ávidos. São inconformados.

Há aqueles que pensam que sabem.
São insuportáveis.

SEM RETROCESSO

Escreva até que a palavra se complete.

Apague, se quiser. Mas, se for usar a borracha, peça licença,
porque a palavra escrita não é mais sua.
O traçado já faz parte do sonho de muita gente.

À LA MÁRIO QUINTANA

Sisudez
não é sinônimo de competência.

Se há verdade...

A verdade é que, ao saírem, todos podem ver a lua.

A verdade é que, no regresso, cada um trará a sua —
lua ou muitas luas, cada uma numa fase.
    Porque a verdade é que a forma da lua
    depende do momento em que foi vista.

É verdade que, assim, à luz de cada lua, o primeiro
desenho parecerá ultrapassado. Risos ou choros vão
    emergir, e tudo parecerá antes projetado.

A verdade é que, para cada visionário que a espia, a lua
sabe mandar uma piscadela terna e cúmplice.

Mas, se há verdade...

A verdade é que ninguém sabe de nada.

Estímulo

Ainda há um pouco de água...
Não tenha medo.
Use-a
em forma de lágrima
para chorar,
    de pena ou ternura,
pelo que foi ou virá ainda!

DE MIM, EM MIM

E quando eu tiver que partir saiba que será assim.
Uma dor de estranhamento.
Uma dificuldade de apagar o invisível.
E, se eu tiver que aprender ou ensinar ou ao menos
compreender
a partida, encontre outro.

Em mim só há o que há.
Aqui.

E lá...

Lá começa o que nem sei.

TEM DIFERENÇA, SIM

Um toque de algo que não existe
causa estranheza em quem,
de tanto vasculhar vagão, já se manchou de carvão.

INSUSTENTÁVEL

Era tão pequeno, tão pequeno, tão pequeno
que nem era.
Era tão grande, tão grande, tão grande
que nem era.

Renitência

Há cinqüenta anos

mexe nessa ferida.

ORÁCULO

Sabia reclamar.
Disso ninguém duvidava.
Aos 36, despedia-se pela primeira vez.
Um sopro no coração.
Aos 42, as cadeiras se juntavam aos seus reclamos.
Aos 60, chegava certamente à lona.
Aos 80, pressagiava o último aniversário.
Morreu aos 96.

A contragosto.

Este livro foi produzido, em 2006,
pela Companhia Editora Nacional.
A tipologia empregada foi Bernhard Modern 16,5/19.
O papel utilizado, couché 150 g.
Impresso em São Paulo pela IBEP Gráfica.